Über das Buch

Mit der vor 52 Jahren, am 1. Januar 1967, in Ostberlin stattgefundenen Gründung des Gemeinschaftsrechenzentrums ZOD Bauwesen Berlin, wurde ein Grundstein für die Wiege der Digitalisierung in Deutschland gelegt.

Mit dem Namen Zentrum Organisation und Datenverarbeitung für das Berliner Bauwesen war bereits fixiert, dass es sich nicht nur um die Computeranwendung handelte.

Das Berliner Bauwesen umfasste damals 3 volkseigene Baukombinate, sieben spezialisierte Baubetriebe und 3 große Planungs- und Projektierungsinstitute mit über 3.000 Mitarbeitern, insgesamt mit ca. 55.000 Beschäftigten.

Mit dem Import von zwei IBM-Systemen 360/40, sie wurden seit 1964 angeboten und waren für kommerzielle und wissenschaftlich-technische Problemstellungen gleichermaßen geeignet, entstand ab 1968 eine leistungsfähige Einrichtung für den Beginn der Digitalisierung.

Das Leistungspotential des Berliner Bauwesens war in der Lage die dafür erforderlichen materiellen und personellen Anforderungen zu realisieren. Mit einem finanziellen Aufwand von 16 Mio. Mark, 6 Mio. für einen Computer und 4 Mio. für ein spezielles fünfgeschossiges Gebäude, in dem in zwei Etagen die voll klimatisiertem Räume von 250 und 300 qm, für die beiden Computer, untergebracht waren.

Zur Sicherung der personellen Erfordernisse wurden die Mitarbeiter der vorher in den zugeordneten Unternehmen getrennt agierenden Rechenstellen zum ZOD delegiert.

Für die Bedienung der im durchgehenden 4-Schtbetrieb genutzten Computer waren 40 bis 50 Mitarbeiter erforderlich. Dafür wurde eine eigenständige Ausbildung von Facharbeitern für Datenverarbeitung durchgeführt.

Die Entwicklungsarbeit war von Anbeginn von den Restriktionen des alles, bestimmenden Parteiapparates beeinflusst. Nur die rasch sichtbaren positiven Ergebnisse, ein lukratives Software-Exportgeschäft mit dem Irak, und die Schirmherrschaft des Bezirksbaudirektors, erlaubten eine nahezu ungestörte und eigenständige Arbeit.

Das Titelbild zeigt Europas größte Plattenbausiedlung, den ab 1977, in 15 Jahren mit ca. 100.000 sozialen Wohnungen entstandenen Stadtbezirk Marzahn. Hier waren die mit der Digitalisierung eingeführten Lösungen voll wirksam.

Titelseite: Berlin-Marzahn 2018

Copyright 2019 Gothar Thiel

Verlag und Druck: tredition GmbH,
            Halenreie 40-44
            22359 Hamburg

ISBN
978-3-7482-3689-4 (Paperback)
978-3-7482-3691-7 (e-Book)

Gothar Thiel

Deutschlands Kinderstube der Digitalisierung

Computer vs. Oktoberrevolution

Inhalt

1.Prolog

Die Zeit nach dem 2. Weltkrieg war geprägt von den Aktivitäten der Siegermächte, im Osten natürlich von den mit der Oktoberrevolution entstandenen Verhältnissen im ehemaligen Russland. Auf meine Situation bezogen aber hauptsächlich von den mit der Aussiedlung aus der Tschechoslowakei verbundenen Problemen.
Erst nach der Bewältigung der existentiellen Probleme aus den Kriegsfolgen wurde die nun entstandene neue Situation im geteilten Deutschland für den Einzelnen begreifbar.

In meiner neuen Heimat wollte ich versuchen mich am Wiederaufbau Deutschlands zu beteiligen, auch bemerkte ich rasch, dass es notwendig war die aus der Kriegszeit entstandenen Defizite der schulischen Bildung, zu bewältigen.
Dem neuen Thüringer Hauswirt verdankte ich die Lehre als Zimmerer und damit die Zuwendung zum Bauberuf.
In dieser Nachkriegszeit erfuhr der Normalbürger nichts von der Erfindung eines Computers durch Konrad Zuse von 1941.
Mein Studium an der Ingenieurschule für Bauwesen in Gotha, bis 1953, brachte dazu noch keine Auswirkungen. Mit dem logarithmischen Rechenschieber wurden die anstehenden Rechenaufgaben schnell aber eben ungenau gelöst.

Die Abschottungspolitik der DDR-Führung trug dazu bei von internationalen Entwicklungen verschont zu werden. Mein kurzer Weg vom Büro bis zur Staatsbibliothek Unter den Linden von Berlin half mir, mich über das was im Bauwesen außerhalb der DDR Grenzen geschah zu informieren. Die Anregungen kamen primär aus den USA, dort hatte der Computer zum erstrangigen Entwicklungsboom geführt.

Die Beschäftigung mit dem auf die Computererfindung resultierenden wissenschaftlich-technischen Fortschritts führte von Anbeginn an zu kontroversen Diskussionen mit den Parteifunktionären des Bauwesens.

Es war ganz offensichtlich eine Folge der von sowjetischen Gesellschaftswissenschaftlern Ende der Fünfziger Jahre verbreiteten These von den Pseudowissenschaften Kybernetik und Rechentechnik.

Da man nicht wusste was das eigentlich ist, packte man die ablehnende Position in die allgegenwärtige negative Meinung, zu allem was Intelligenz hieß.

Obwohl es seit Lenin keine alternativen Parteimeinungen geben konnte, hat es bei meiner Tätigkeit zur Computeranwendung im Berliner Bauwesen vielfache Beratungen, auch mit hohen Parteifunktionären, gegeben bei dem diese ihre Unterstützung für meine Arbeit bekundeten, aber nicht in der Lage waren im Parteiapparat etwas davon umzusetzen.

Die vom ehemaligen Vorsitzenden der Staatlichen Plankommission ausgelösten Importe westlicher Computer bewirkte gerade in Berlin, wo wir Nutznießer der einmaligen Aktion des Dissidenten Erich Apel waren, politische Probleme die damit zusammenhingen und zu denen es aber eine absolute Nachrichtensperre gab.

2. Die wiss.-techn. Entwicklung im Berliner Bauwesen

Die Erfindung einer automatisch, sich selbst steuernden Rechenmaschine (Z1 und Z3) von 1941, vom deutschen Bauingenieur Konrad Zuse, löste den Beginn einer wissenschaftlich-technischen Revolution aus. Die ersten konkreten Umsetzungen in nutzbare Geräte kamen zum Ende des 2. Weltkrieges aus den USA. Es dauerte aber bis 1965, dass die in der Büromaschinenindustrie weltmarktführende Fa. IBM, das mit einem Investitionsaufwand von 5 Mrd. $ entwickelte Computersystem 360[1], herausbrachte.

Im Osten des getrennten Deutschland wurde vom Jenaer Zeiss- Unternehmen 1960 der erste elektronische Rechenautomat, der ZRA1, vorgestellt. Vom technischen Niveau gesehen war ZRA 1 nicht vergleichbar, die neuartige Computerphilosophie konnte aber auch damit studiert und in erste konkrete Anwendungen umgesetzt werden.

Als der Vater der Digitalisierung muss eigentlich der damalige Vorsitzende der Staatlichen Plankommission, der aus Südthüringen stammende Erich Apel genannt werden[2]. Er hatte mit seinen Aktivitäten zur Neuen Ökonomischen Politik (NÖS), die allein auf Wunschkennzahlen beruhenden Planvorgaben zu Fünfjahr- und Jahresplänen abzuschaffen versucht und durch eine auf den Initiativen der Unternehmen basierte wirtschaftliche Leistungsfähigkeit zu ersetzen. Als Bestandteil dieser Überlegungen hatte er den Import von 10 westlichen Großcomputern ausgelöst. Aus der Beseitigung dieser Hinterlassenschaft durch die Parteiführung konnten wir im Berliner Bauwesen den Beweis für die Vorreiterrolle von Erich Apel liefern.[3]

---

[1] https://de.wikipedia.org/wiki/System/360
[2] https://de.wikipedia.org/wiki/Erich_Apel

[3] http://www.spiegel.de/spiegel/print/d-46275300.html

Die Anerkennung dieser Entwicklungsarbeiten durch die Auszeichnung mit dem Nationalpreis für Wissenschaft und Technik von 1969 war wohl nur eine letzte Aktivität von Walter Ulbricht zu der mit einer totalen Nachrichtensperre belegten Tätigkeit von Erich Apel. Mit der Machtübernahme von Erich Honecker 1971 galten nur noch die Vorgaben der sowjetischen Administration.

Die jahrzehntelange Diskriminierung der Intelligenz, außerhalb der Militärtechnik, wurde erst mit den Aktivtäten von Michail Gorbatschow 1986 mit den Veröffentlichungen zu Perestroika und Glasnost beendet. Damit wird deutlich dass im Berliner Bauwesen mit den Arbeiten zur Computeranwendung über 20 Jahre lang gegen die Parteipolitik gearbeitet wurde.

Bei der Darstellung aller negativen Einflüsse der Parteipolitik in der DDR muss darauf verwiesen werden, dass die Wirtschaftsstruktur mit dem generell vorhandenen volkseigenen Unternehmen, sich auf die Einführung und Wirkung der Digitalisierung positiv ausgewirkt hat.

Das Bauwesen war von jeher davon geprägt, nicht nur komplizierte Problemstellungen, wie z.B. die Berechnung von Rahmentragwerken als tragende Elemente von Hochhäusern, zu bewältigen, auch die massenweise Verarbeitung der für die Bauvorhaben benötigten Baustoffe und Materialien, auf den auf oft territorial weit verstreuten Baustellen und das Wetter waren prägnante Anforderungen.

Aus den USA kamen die ersten für eine kommerzielle Massenverarbeitung geeigneten Großcomputer nach 1960 auf den Markt. In der DDR wurde der erste elektronische Rechenautomat von Zeiss, der ZRA1, 1960 vorgestellt. Nach der Teilnahme an einem ZRA1-Programmierlehrgang von 1962 bei der Akademie für Wissenschaften, wurden erste Entwicklungsarbeiten zur möglichen Computeranwendung im Berliner Bauwesen durchgeführt. Im Ergebnis dieser Vorarbeiten kam es zur Gründung des Gemeinschafts- Rechenzentrums ZOD Bauwesen Berlin am 1.januar 1967.

Die in einem ersten Programmierkurs erhaltenen Anregungen zur Rationalisierung der eigenen ingenieurtechnischen Arbeit brachten mich dazu über die für die Weiterbildung zuständige KdT den Kontakt zu den ca. 3.500, in den drei großen Planungs- und Projektierungsbüros beschäftigten Ingenieure, Architekten, Ökonomen und technischen Hilfskräfte, des bezirksgeleiteten Bauwesens von Berlin zu suchen. Es ergab sich rasch der Gedanke hierfür die gemeinsame Arbeit zu organisieren und ein zentrales Rechenzentrum zu schaffen.

Die großen Aufgaben für das Bauwesen der vom Krieg so drastisch zerstörten Hauptstadt der DDR, Berlin, waren der ideale „Nährboden" dafür, mit allen Mitteln die anstehenden Aufgaben effizienter als bisher zu realisieren.

Der ab 1966 neu berufene Baudirektor des Magistrats von Berlin, erkannte die sich mit der Rechentechnik ergebenden neuen Möglichkeiten und verstand es, ohne Rücksicht auf die Widerstände aus Partei- und Staatsapparat die dazu erforderlichen Entwicklungsarbeiten zu ermöglichen.

Durch einen Zufall war ich 1958 nach Berlin gekommen. Als Mitarbeiter im Projektierungsbüro Hochbauprojektierung II bearbeitete ich Aufgaben der Rationalisierung von Betonwerken für den Massenwohnungsbau.

Hier erfuhr ich 1962 von einem 14- tägigen Programmierkurs für den neu entwickelten Rechenautomaten ZRA 1, bei der Akademie für Wissenschaften.

Die dabei erhaltenen Anregungen zur Rationalisierung der eigenen ingenieurtechnischen Arbeit brachten mich dazu, über die für die Weiterbildung zuständige Kammer der Technik (KdT), den Kontakt zu den 3.500, in den drei großen Planungs- und Projektierungsbüros beschäftigten Ingenieuren, Architekten und Ökonomen, des bezirksgeleiteten Bauwesens von Berlin, zu suchen.

Es ergab sich rasch der Gedanke hierfür die gemeinsame Arbeit zu organisieren und ein zentrales Rechenzentrum zu schaffen. In Kenntnis der monströsen Dimension des ZRA 1 und des Fehlens jeglicher Beweise zum erzielbaren Nutzen, war keiner der daran Beteiligten bereit in seinem Unternehmen einen Beschaffungsantrag zu stellen..

Die großen Aufgaben für das Bauwesen der vom Krieg so drastisch zerstörten Hauptstadt der DDR Berlin, waren aber der ideale „Nährboden" dafür, mit allen Mitteln die anstehenden Aufgaben effizienter als bisher zu realisieren.

Über die für die Weiterbildung der Beschäftigteen zuständige Bezirksakademie gelang es der Leitung des Berliner Bauwesens einen Entscheidungsvorschlag für die Schaffung einer gemeinschaftlich genutzten Einrichtung für eine Computeranwendung im Berliner Bauwesen zu unterbreiten.

Nach dem Programmierkurs unternahm ich Literaturrecherchen und Testarbeiten zur Sammlung erster Erfahrungen mit der elektronischen Rechentechnik. Für die Programmierung in der Maschinensprache des ZRA 1 war damals die Nutzung des dualen Zahlensystems erforderlich was anfangs mitunter zu Problemen führte.

Der ab 1966 neu berufene Baudirektor des Magistrats von Berlin, Günter Peters, erkannte die sich mit der Rechentechnik ergebenden neuen Möglichkeiten und unterstützte diesen Vorschlag. Auf die gegenwärtige föderative Gebietsstruktur bezogen, entsprach die Funktion des Berliner Baudirektors dem Bauminister einer Landesregierung.

Mit der am 1. Januar 1967, stattgefundenen Gründung des Gemeinschafts-Rechenzentrums ZOD Bauwesen Berlin, wurde mit der planmäßigen Arbeit zur konsequenten Anwendung der elektronischen Rechentechnik im Berliner Bauwesen begonnen.

Unter Beachtung der betriebsübergreifenden Nutzung waren für alle Anwendungslösungen organisatorische Regelungen unerlässlich. Durch die bereits vorhandene Nutzung einer gemeinschaftlich betriebenen Lochkartenstation, hier hatten Arbeitsgruppen unter Federführung der Hauptbuchhalter die organisatorischen Regelungen bereits geschaffen.

Mit dem Namen **Zentrum Organisation und Datenverarbeitung für das Berliner Bauwesen** war damals sofort fixiert, dass es sich nicht nur um die reine Computeranwendung handelte.

Mit dem Import von zwei IBM-Systemen 360/40 (Fotos s. Internet), sie wurden seit 1964 angeboten und waren für kommerzielle und wissenschaftlich-technische Problemstellungen gleichermaßen geeignet, entstand ab 1968 eine leistungsfähige Einrichtung für den Beginn der Digitalisierung.

Das Leistungspotential des Berliner Bauwesens war in der Lage die dafür, damals, erforderlichen materiellen und personellen Anforderungen zu gewährleisten. Mit einem finanziellen Aufwand von 16 Mio. Mark, 6 Mio. für einen Computer und 4 Mio. für ein spezielles Gebäude, in dem im 4. und 5. Geschoss die voll klimatisiertem Räume von 250 und 300 qm die beiden Computer untergebracht waren.

Zur Sicherung der personellen Erfordernisse wurden die Mitarbeiter der vorher in den zugeordneten Unternehmen getrennt agierenden Rechenstellen zum ZOD delegiert. Mit dem Vertragsabschluss hatte sich IBM verpflichtet ein umfangreiches Qualifizierungsprogramm beim ZOD, unter Einbeziehung von Mitarbeitern der Baubetriebe zu absolvieren.

Wie waren die Bedingungen für unsere Entwicklungsarbeit?

Mit der Gründung der DDR 1949 war die Zuordnung aller Baubetriebe in eine der beiden Kategorien festgelegt worden.
Zum Ersten waren dem Bauministerium alle Einrichtungen zugeordnet die zentrale Aufgaben zu realisieren hatten, wie Aufgaben des Autobahn- und Straßenbaus, des Talsperrenbaus und der Wasserwirtschaft, der Baumaterialenindustrie, Großvorhaben der Industrie und drgl..
Zum Zweiten waren alle Einrichtungen des örtlichen Bauwesens der Hoheit der Räte der Bezirke, sowie des Magistrats von Berlin, unterstellt. Ihnen oblagen die Aufgaben der Erhaltung und Erneuerung des Wohnungsbestandes, der Werterhaltung und der Funktionen des örtlichen Territoriums. Das Bauministerium hatte hier nur Funktionen der fachlichen Anleitung.
Im Berliner Bauwesen wurde dieser Fachbereich von einem Stellvertreter des Oberbürgermeisters, dem Bezirksbaudirektor, geleitet.

Das Berliner Bauwesen umfasste damals 3 volkseigene Baukombinate für Wohnungsbau, Industrie- und Verwaltungsbau und Tiefbau. Daneben gab es 7 spezialisierte Baubetriebe, wie Elektromontage, Stuck- und Naturstein, Baureparaturen u. drgl., sowie 3 große Planungs- und Projektierungsinstitute mit ca. 3.500 Mitarbeitern, insgesamt ca. 55.000 Beschäftigte.

In der generell vorhandenen staatlichen (volkseigenen) Wirtschaft wurden die dort eingesetzten Leiter von den übergeordneten Stellen, nach Zustimmung durch die Parteiorgane der SED, berufen.

Die übergeordneten Stellen beauflagten die Betriebe mit 5-Jahr- bzw. Jahresplänen mit den vom Betrieb zu erbringenden Leistungen, z.B. 6.500 Wohnungen. Es gehörte damit zu den Aufgaben der übergeordneten Stellen die Erfüllung dieser Planaufgaben zu kontrollieren.

Im Berliner Bauwesen geschah dies in wöchentlichen Dienstberatungen mit den Haupt- und Betriebsdirektoren beim Bezirksbaudirektor.

Damit ergaben sich gute Bedingungen für die notwendigen Vereinbarungen zu Einführung und Anwendungen der elektronischen Rechentechnik.

Ausgelöst von dem durch die Kammer der Technik (KdT) organisierten Lehrgang für die Programmierung des von ZEISS entwickelten Rechenautomaten ZRA 1, entstand die Idee zur Schaffung eines gemeinschaftlich vom Berliner Bauwesen betriebenen Rechenzentrums. De monströsen Abmessungen des ZRA 1 ließen bei keinem der Enthusiasten von ZUSES Erfindung den Mut aufkommen ihrem Betriebsdirektor eine solche Investition vorzuschlagen.

Die Vorschläge zur Gründung eines gemeinschaftlich betriebenen Rechenzentrums von 1965 führten zur einheitlichen Willensbekundung durch alle Kombinats- und Betriebsdirektoren.

In der Vorbereitungsphase wurden alle Vorschläge mit den Vertretern der Rechenstellen der Kombinate und Betriebe beraten. Da es zu diesem Zeitpunkt noch keine Computer gab die dort eingesetzt werden konnten, gab es auch keine divergierenden Interessen und alle beteiligten sich an dem Unternehmen.

Erst durch den Selbstmord des ehemaligen Vorsitzenden der staatlichen Plankommission Erich Apel vom Dezember 1965, war die Situation entstanden, dessen Aktivitäten zur Beschaffung 10 westlicher Computer möglich stillschweigend zu beseitigen. Das Berliner Bauwesen kam dadurch ohne jeden Importantrag in die exzellente Lage, ein ganz aktuelles IBM-System/360, zu erhalten.

Zur Rationalisierung der in den Hauptbuchhalterbereichen anfallenden umfangreichen Arbeiten der Lohn- und Gehaltsrechnung, der Material- und Kostenrechnung war in Folge der vom Ministerrat 1964 gefassten Beschlüsse zur maschinellen Bürotechnik der Aufbau einer großen, 7 Sätze Sortiermaschinen umfassenden, Gemeinschafts- Lochkartenstation des Berliner Bauwesens realisiert worden. Die dazu von den Hauptbuchhalter- Bereichen der Betriebe getätigten organisatorischen Arbeiten konnten für die Computeranwendung unmittelbar genutzt werden.

Der vom Bezirksbaudirektor berufene Führungsstab zur Einführung der Computertechnik kam monatlich zu Kontrollberatungen zusammen und sorgte für das weitere gemeinsame Vorgehen des ZOD mit den Kombinaten und Betrieben.

Welches waren die markanten Anwendungslösungen die rasch zu den positiven Resultaten führten?

    a. Die Ablaufplanung der großen Bauvorhaben.
    b. Die Aufwandsplanung, mit der Einführung des automatisierten Systems der Vorfertigung (ALSV).
    c. Die Lohn- und Gehaltsrechnung des Berliner Bauwesens.
    d. Die Digitalisierung der Bebauungsplanung und Realisierung des weiteren Ausbaus der Großstadt

Zu a.: Nach den ersten Programmierarbeiten und Erprobungen entwickelten rasch die Vorstellungen welche der akut anstehenden Aufgaben zuerst gelöst werden sollten. Literaturrechen waren hier gefragt um entsprechende Anregungen zu bekommen. Die Staatsbibliothek führte Belegexemplare aller bundesdeutschen Fachzeitschriften. Die Zeitschriften des Bauwesens enthielten spärliche Notizen über die ersten Computeranwendungen im Bauwesen der USA.

Eine dieser Notizen berichtete über die Computernutzung eines Chemiekonzerns bei der im größeren Umfang notwendigen Rekonstruktion von Chemieanlagen. Man hatte dort eine Programmlösung für deren Ablaufplanung (Terminplanung), die Methode des kritischen Weges (Critical Path Method), entwickelt. Im Gegensatz zu der bei uns bisher üblichen Lösung dies mit Balkengraphiken zu lösen wurden dabei mittels Computer diejenigen Vorgänge (baulichen Teilleistungen) ermittelt, die für die Einhaltung der Bautermine des Vorhabens entscheidend, kritisch, sind.

Für die Bewältigung der Riesenaufgaben zum Wiederaufbau des zerstörten Berlin war dies eine ganz wesentliche, aktuelle, Problemstellung.

Die Problemlösung bestand in einer Kombination von grafischer Darstellung und wertmäßiger Eingabe der Dauer der individuellen Aktivitäten.
Die Erprobung eines adäquaten Algorithmus und das notwendige Computerprogramm für den ZRA1, waren eine erste Aufgabe.

Die Anwendungen der Ablaufplanung wurden ausschließlich von den Baukombinaten selbst organisiert. Anfangs vorwiegend für die großen Bauobjekte des Bau- und Montage- Kombinates Ingenieurhochbau Berlin. Die Eingabedaten wurden im ZOD auf Lochkarten übertragen und die Berechnung in einem der ersten Rechenzentren mit ZRA1- Computern durchgeführt. Hierfür war es noch erforderlich die Ergebnisse vom Ausgabedrucker, er lieferte eine Kassenrolle wie bei den heute üblichen Kassen in der Einkaufshalle in allgemein verständliche Ergebnisse umzusetzen.

Zu b.: Der sich nach dem zweiten Weltkrieg in allen Länder, voran Frankreich und Dänemark, entwickelnde Großplattenbau wurde auch in

Berlin vorbereitet. Die Planvorgaben in Berlin enthielten vorrangig Aufgaben zum Bau von Wohnungen, zur Bewältigung des Wohnungsproblems.

Die Planung und Durchführung der anstehenden großen Bauvorhaben erforderte umfangreiche Ermittlungen für die dazu benötigen Materialien und vorgefertigter Teile.
Dieses war eine aufwendige, von permanenten Wiederholungen geprägte, Aufgabe eines Bauingenieurs. Diese Aufwandsplanung zu rationalisieren wurde für uns zu einem weiteren vorrangigen Aufgabenziel.

Der sich nach dem zweiten Weltkrieg in allen Länder, voran Frankreich und Dänemark, entwickelnde Großplattenbau, initiierte die damit verbundene Anwendung der Computertechnik. Der erste Erfahrungsaustausch mit sowjetischen Projektierungsbüros von 1964 brachte erste Anregungen dazu, wobei die zur Verfügung stehenden Computer nur eine geringe Leistung aufwiesen.
Die dort eingeführte Bezeichnung Automatisiertes Leitungssystem der Vorfertigung (ALSV) wurde von uns übernommen.
Die von der damaligen Deutschen Bauakademie (über 2.000 Mitarbeiter) zentral für die ganze DDR entwickelten Basisprojekte des Wohnungsbaus, ab 1970 Wohnungsbauserie 70 (WBS 70) wiesen die für Bauobjekte bis zu 11 Geschossen in jeder Etage erforderlichen Fertigteil- Großplatten aus. Neben den geometrischen Abmessungen enthielten sie Angaben zur Materialqualität, den Typenangaben für Fenster und Türen. Leitungsführungen für Elektro, Heizung, Frischwasser und Abwasser.
Diese Basisdaten wurden mittels Lochkarten in den Computer eingegeben. Damit wurden alle damit verbundenen Teilaufgaben der Vorfertigung in den Betonwerken, des Transports, der Montage und des Ausbaus, geplant und gesteuert.
Um welche Dimensionen es sich hier handelte zeigt folgendes Beispiel.
Bei einer durchschnittlichen Tagesleistung der Montage von 20 Wohnungseinheiten erforderte das den Transport und Umschlag von ca. 1.400 t oder 35 Schwertransporten je 40 t.

Anfangs wurden die bis zu 6,3 t schweren Großplatten auf den jeweiligen Baustellen in speziellen Lagergerüsten zwischengelagert.

Die mit der Computerberechnung verbunden Problemlösungen führten rasch zum Gedanken der Berechnung des exakten Montagetermins und die Einsparung der sehr aufwendigen Zwischenlager auf den jeweiligen Baustellen. So wurde die Montage direkt vom Schwerlastfahrzeug eingeführt.

Diese Problemstellung war der primäre Anlass für das irakische Bauwesen zum Abschluss des Exportvertrages. Damit sollte eine entscheidende Rationalisierung der von französischen Firmen gelieferten Projekte für den industriellen Wohnungsbau erreicht werden.

\-   Zur Verbreitung der mit den Computeranwendungen verbundenen neuartigen fachlichen Anwendungslösungen wurden von der Bezirksakademie für die Weiterbildung unzählige (sogenannte) Führungskaderlehrgänge organisiert. Hier wurden zu allen neuen Problemlösungen ausführliche Erläuterungen vermittelt.

Zu c.: Die Lohn- und Gehaltsrechnung des Berliner Bauwesens.

Aus den ausschließlich von mir durchgeführten Beratungen mit den von IBM benannten Verantwortlichen ergaben zum Teil Realisierungsvorschläge mit brisantem politischem Hintergrund. Mir ging es dabei immer darum die für uns, das ZOD und Berliner Bauwesen, günstigste Lösung für unsere Idee eines effektiv arbeitenden Gemeinschafts- Rechenzentrums zu finden. Allein die termin- und qualitätsgerechte Sicherung der Lohn- und Gehaltszahlungen war ein solches Beispiel.

Da ich von der eigentlich längst überholten maschinellen Lochkartentechnik sowieso nichts hielt, wurde sofort nach Sicherung der Aufgaben der Lohn- und Materialrechnung, die dafür notwendige Büromaschinentechnik stillgelegt. Wir hatten in dem Softwarepool mit dem Computer auch das Gehaltsprojekt von IBM erworben. Nach Qualifizierung der Lochkarten- Programmierer durch IBM und der Erprobung des dafür vorgesehenen Einsatzes von Markierungs- Beleglesern, für die Eingabedaten der

55.000 im Berliner Bauwesen Beschäftigten, konnten die Lochkarten Maschinen stillgelegt werden. Den etwa 40 Locherinnen wurden qualifiziertere Aufgaben übertragen. In Erinnerung geblieben ist mir dafür der Zeitraum eines halben Jahres.

Zu d.: Mit dem Ziel die Computeranwendung in die Bebauungs- und Stadtplanung einzubeziehen waren die Chefarchitekten der Stadt und der Hochbaukombinate WBK und IHB zu Mitgliedern des Führungsstabes berufen worden. Ihnen oblag es ihren Planungsbereichen die notwendigen Voraussetzungen für die Computeranwendung zu schaffen. Der Massenwohnungsbau wäre ohne diese Verbindung der Planungs- und Ausführungsbereiche erfolglos geblieben.

Was war nötig um mit der Computeranwendung beginnen zu können?

Für die Inbetriebnahme der kurzfristig gelieferten IBM-Anlage wurde in einer eingeschossigen Industriehalle, der dem ZOD zugeordneten Lochkartenstation, der erforderliche Raum bereitgestellt.
Da dies nur ein Provisorium sein konnte wurde für danach vereinbarten zwei Anlagen ein eigenes Gebäude geschaffen.
An der Rückfront des Bezirksbauamtes befand sich ein Trümmergrundstück welches für den Standort des ZOD-Gebäudes ausgewählt wurde. Das BMK-IHB (Bau-und Montagekombinat Ingenieurhochbau Berlin) errichtete hier innerhalb von 6 Monaten das 5-geschossige Gebäude mit zwei 250 und 300 m² großen Computerräumen in der 4. Und 5. Etage. Für die notwendige Vollklimatisierung wurden in den Computerräumen Doppelböden für einen ca.50 cm hohen Zwischenraum angeordnet. Die Klimaanlagen befanden sich zweiten Geschoss. In der Leitungsetage befand sich eine Verbindungstür zum Bezirksbauamt.

Die Inbetriebnahme des neuen Betriebsgebäudes des ZOD war verbunden mit der Übergabe der zweiten IBM-Anlage im April 1970. Zur absoluten Sicherstellung der mit der Realisierung der Brutto- und Nettolohnrechnung verbundenen terminlichen Erfordernisse war es gelungen den Staatssekretär für Datenverarbeitung davon zu überzeugen, dass dazu ein riesiges Ersatzteillager oder eine zweite Computeranlage erforderlich wären.

Der Investitionsaufwand betrug 12 Mio. Mark für die Computer und 4 Mio. für das Gebäude, inkl. Ausrüstung und Ausstattung.

Seit dem Vertragsabschluss wurden wöchentlich mit der Fa. IBM Kontrollberatungen durchgeführt. Gleichzeitig war mit der Qualifizierung zu Programmiersprachen und den mitgelieferten Anwendungslösungen begonnen worden. Gemäß der Vereinbarung über die gemeinschaftliche Nutzung des Rechenzentrums nahmen an allen Qualifizierungs-Maßnahmen Vertreter der Kombinate und Betriebe teil.

Zur massenweisen Verarbeitung von Eingabedaten, deren Speicherung und Ergebnisausgabe waren zu jeder Anlage Wechselplattenspeicher, Magnetbänder, Lochkarten- und Markierungsbelegleser sowie Drucker erforderlich. Für die Computerbedienung waren deshalb bis zu 8 Arbeitskräfte erforderlich.

Da diese wertvolle Technik optimal genutzt werden sollte wurde der Vierschichtbetrieb, ohne Abschaltungen an Wochenenden und Feiertagen, organisiert. Die dafür benötigten ca. 50 Bedienungskräfte gab es nicht, sodass rasch damit begonnen wurde in zwei Klassen Facharbeiter für Datenverarbeitung, mit ohne Abitur, auszubilden. Insgesamt wurden 150 bis 200 Facharbeiter ausgebildet.

Um die technische Betriebsfähigkeit zu gewährleisten waren eigene Wartungsingenieure erforderlich. Dazu wurden drei Ingenieure der Elektrontechnik/Elektronik von Berliner Großbetrieben angeworben und in Schulungszentren der IBM, in Frankreich und England über mehrere Monate qualifiziert.

3. Computer vs. Oktoberrevolution
Mein Diskussionsbeitrag zum 100. Jahrestag
der Oktoberrevolution, vom Dezember 2016

3.1. Vorbemerkung

Lenin: „Die neue Gesellschaftsordnung wird unterliegen wenn sie keine höhere Arbeitsproduktivität als der Kapitalismus erreicht."

Vor mehr als 100 Jahren konnte Lenin nicht ahnen, dass in nicht zu ferner Zukunft ein deutscher Ingenieur einen Computer erfand. Aus seinem Umfeld von sibirischen Strafgefangenenlager oder Schweizer Exilaufenthalten war von so etwas noch keine Rede. So kam er auf die Idee alle die seinen schicksalhaften Zukunftsperspektiven nicht bedenkenlos folgen wollten, einfach beiseite zu schaffen. Dass dabei vor allem die intelligenten Menschen, die Bourgeoise, ausgerottet wurde nahm er und die ihm folgenden Wunderprediger, vor allem Stalin, in Kauf. Das neu zu etablierende Machtsystem bedurfte deshalb eines KGB, oder der Staatssicherheit, um auch zukünftig vor Andersdenkenden geschützt zu sein.

Die in die Zeit des 2. Weltkrieges gefallene Erfindung des Computers führte besonders in den USA zu rasanten Entwicklungen auf dem Gebiet von Wissenschaft und Technik.

In dieser Zeit waren die europäischen Länder mit der Beseitigung der Kriegsschäden vollauf beschäftigt.

Der Sieg Russlands über Hitlerdeutschland bescherte dem Osten Deutschlands die Übertragung des mit Lenins Oktoberrevolution entstandenen Parteiapparates. Hier entstand praktisch eine kleine neue Sowjetrepublik. Von 1950 bis 1971 stand der seit 1938 in sowjetischem Exil lebende Walter Ulbricht an der Spitze dieses neuen Staatsgebildes.

In der zweiten Hälfte der 60iger Jahre wurden eine Reihe von Entscheidungen zur wirtschaftlichen Entwicklung und zur Rechentechnik gefällt, anfangs zur maschinellen RT (Büromaschinenindustrie), erst ab 1970 zur elektronischen RT. Beginnend mit der Machtübernahme durch den Dachdecker Erich Honecker 1971, setzte sich die destruktive, jeden wissenschaftlich-technischen Fortschritt negierende Wirtschaftspolitik, des sowjetischen Partei- und Staatsapparates, auch in der DDR, durch.

Mit der DDR-Gründung war festgelegt worden das Bauwesen in zwei Teilen zu gestalten, einmal in die zentral zu steuernden Aufgaben der Baustoffindustrie, des Straßenbaus, die Wasserwirtschaft, große Industriebauvorhaben und drgl., die direkt dem Ministerium für Bauwesen unterstellt waren. Die Aufgaben der Erhaltung und Erneuerung des Wohnungsbestandes, einschließlich der zugehörenden Infrastruktur, wurden in die eigene Verantwortung der 16 Bezirksverwaltungen, einschließlich von Berlin, gelegt.

Durch einen Zufall kam ich 1958 zum bezirksgeleiteten Bauwesen nach Berlin. Als Projektant besuchte ich 1962 einen von der Kammer der Technik (KdT) organisierten ersten Programmierkurs für den damals noch neuen Rechenautomaten Zeiß ZRA 1. Damit begann meine künftige Hauptbeschäftigung zu der darauf basierenden Entwicklung des wissenschaftlich-technischen Fortschritts im Bauwesen von Berlin.

Als Neujähriger erfuhr ich von meiner 1898 in Irkutsk geborenen Tante, Tochter eines ca. 1875 nach Sibirien gekommenen deutschen Zahnarztes, von der lebensbedrohten Situation ihres Vaters zum Beginn der Oktoberrevolution und der Flucht der Familie nach Deutschland. Dieses Kindheitserlebnis bescherte mir den ersten Kontakt zur Oktoberrevolution, vor 78 Jahren, es sollte mich mein Leben lang begleiten.

Der erste Kontakt zu Gorbatschow bei der letzten Festveranstaltung zur Staatsgründung der DDR am 6. Oktober 1989, war nur symbolisch. Erst mit der Veröffentlich seiner Biografie 2013 und der Überwindung der Folgen einer Herzoperation von 2004, brachten mich dazu, das selbst Erlebte in Verbindung mit der Oktoberrevolution zu bringen.

Im Mittelpunkt stand dabei die Fragestellung welchen Einfluss die Einführung der elektronischen Rechentechnik auf den wissenschaftlich-technischen Fortschritt ausgeübt hat.

Rasch wurde mir klar, dass der Computer der Katalysator für die wissenschaftlich-technische Revolution der Neuzeit darstellte.

3.2. Was bewog Michail Gorbatschow zur Perestroika?[4]

Michail Gorbatschow wurde 1931 in Priwolnoje, im Nordkaukasus, geboren.

Als 21 Jähriger erhielt er die Möglichkeit ein Jurastudium in Moskau zu absolvieren, was er mit Auszeichnung realisierte. Diese Qualifizierung sollte ihn in seinen späteren gehobenen Parteifunktionen von den übrigen Mitgliedern der „Komandantura", den Mitgliedern des Politbüros der Kommunistischen Partei (KPdSU), unterscheiden.

Mitglied der KPdSU wurde er mit 21 Jahren.

In verschiedenen Parteifunktionen war er die meiste Zeit für Aufgaben der Landwirtschaft zuständig. Immer wieder wurde er mit Fragen der Verteilung der zur Verfügung stehenden Mittel für die einzelnen Zweige der Volkswirtschaft konfrontiert.

Die Auswirkungen der in den Zwanzigerjahren vorgenommenen Zwangskollektivierung der Landwirtschaft waren seit seiner Jugendzeit permanent existent. Als Mitglied des Politbüros, seit 1980, war er, nach dem amerikanischen Getreideembargo, wegen des sowjetischen Einmarsches in Afghanistan, für das vom 26. Parteitag 1981 beschlossene Lebensmittelprogramm zuständig.

Im Mittelpunkt sollte der Bauer stehen. Er kam zur Überzeugung „Was in den Jahren der Kollektivierung geschehen war, ließ sich in den Folgejahren auf keine Weise wiedergutmachen. Ein Teil der Bauernschaft, und zwar den Fähigsten, hatte man einfach ausgerottet. Man nannte sie „Kulaken", Ausbeuter und belegte sie mit den letzten Schimpfnamen. Millionen Menschen wurden von ihrem Land verjagt" (4) S.249.

Daraus wird verständlich dass er sehr daran interessiert war 1983 eine Auslandsreise nach Kanada zu unternehmen. Vom Klima her der UdSSR sehr ähnlich, er wollte besonders die dortige Landwirtschaft kennenlernen. Beindruckend für ihn waren die dort angewandten modernen Produktions-

---

[4] Michail Gorbatschow „Alles zu seiner Zeit", Verlag: Hoffmann & Campe, 2013

methoden, die dazu eigesetzten technischen Mittel und die Einstellung der Farmer für ihren Beruf. In einer sicher ausgewählten Farm bewirtschaftete ein Farmer mit drei Mitarbeitern 2.000 Hektar Land. Er kam zur Schlussfolgerung, dass es ohne modernen Agrarsektor, und einen adäquaten Austausch zwischen Landwirtschaft und Industrie keine stabile Wirtschaft in der UdSSR geben könne (4) S.299).

1984 beim Besuch des Lichatschow-Autowerkes wurde er mit Problemen von Rechentechnik und Robotertechnik, im Vergleich zu den in westlichen Industrieländern bereits genutzten neuen Technologien, konfrontiert. Danach bemerkte er „Besondere Hoffnungen verband ich mit den Programmen des wissenschaftlich-technischen Fortschritts im Bereich von Informatik und Rechentechnik, Entwicklung von Rotor- und Rotorfließbandlinien, Robotertechnik, Biotechnologie und Gentechnik" (4) S.374. Diese Erfahrungen waren wohl entscheidend für die Überlegungen zur wirtschaftlichen Um- und Neugestaltung, zur Perestroika.

Generalsekretär des ZK der KPdSU war er von 1985 – 1991.

In der Begründung zur Notwendigkeit der Perestroika schreibt Gorbatschow in seiner Biografie (4) „Die Perestroika lag in der Luft. Es war die Zeit, da sich im Westen tiefgreifende Strukturveränderungen vollzogen und die westliche Gesellschaft trotz aller Schwierigkeiten und Probleme in eine neue technologische Epoche eintrat und eine noch höhere Produktivität erreichte (S.358).[5]

Die neue technologische Epoche aber war das Resultat der mit der Anwendung der elektronischen Rechentechnik verbundenen neuen Qualität der wirtschaftlichen Entwicklungen.

1987 erschien die erste Übersetzung von Perestroika in der DDR

---

[5] In den 70iger Jahren entwickelte sich die Eliteuniversität MIT zur herausragenden Eirichtung für die aus den Möglichkeiten der elektronischen Rechentechnik resultierenden neuen mathematischen Methoden, vor allem auch zur Wirtschaftsleitung.
https://de.wikipedia.org/wiki/Massachusetts_Institute_of_Technology

3.3. Die Umsetzung der Erfindung von Konrad Zuse im Berliner Bauwesen

s hierzu 2. Die wiss.-technische Entwicklung im Berliner Bauwesen

3.4. Die Erlebnisse eines Hofnarren am Fürstenhof DDR

Die Intelligenz, das sind die Parasiten im gesicherten Schoß der Partei.
Diese bei einem Abschlussessen einer Direktorentagung des Berliner Bauwesens von einem stellvertretenden Kreissekretär der SED für Agitation und Propaganda mir gegenüber geäußerte Grundüberzeugung, spiegelte die Situation in der DDR wider. Er äußerte sich dazu nach zwei Glas Bier ohne besonderen Grund. Seine Qualifizierung hatte er beim Besuch einer sowjetischen Parteihochschule erworben, das war wohl die Art von Einrichtungen, welche zu Lenins und Stalins Zeiten für die Bereitstellung der Informationen über unzuverlässige Parteimitglieder zuständig waren.
Meine seit 1964 zur Lebensaufgabe gewordene Tätigkeit, zur Einführung der Computererfindung im Bauwesen, wurde vom Bauminister noch im Mai 1973 öffentlich als „Computerspinnerei des Genossen Thiel vom Berliner Bauwesen" hingestellt. Da ein Grundsatzreferat des Ministers, vor allem vor den Absolventen Bezirksparteischule in Berlin-Köpenick, unter deren Zuhörern ich damals saß, nicht ohne vorherige Abstimmung mit dem Leiter der Abteilung Bauwesen des Zentralkomitees der SED, gehalten werden konnte, hatte er damit seine und die Übereinstimmung mit der SED-Führung zum Ausdruck gebracht.

Meine EXTRATOUREN[6], können somit als Erfahrungen eines für die SED ungefährlichen Narren angesehen werden, sie wurden auch dadurch erst ermöglicht.

Die 1969 durch die Verleihung des Nationalpreises erfahrene Anerkennung durch die Parteiführung unter Walter Ulbricht war damit aufgehoben. Jetzt galten die Vorgaben der Riege von Erich Honecker. Eine Weiterführung meiner Arbeit war nur noch unter der Schirmherrschaft meines Dienstvorgesetzten, dem Bezirksbaudirektor und Mitglied des Magistrats von Groß-Berlin, möglich.

Im Mittelpunkt meiner Biografie steht, unter Bezugnahme auf Gorbatschows revolutionäre Handlungen zur Umgestaltung der Wirtschaftspolitik der Sowjetunion, der Umgang mit dem wissenschaftlich-technischen Fortschritt hinsichtlich Informatik und Rechentechnik. Es wird aufgezeigt dass das was Gorbatschow als springender Punkt seiner PERESTROIKA formuliert hat, in Verbindung mit meiner Arbeit im Berliner Bauwesen, hier schon ca. 20 Jahre vorher praktiziert wurde. Im Zeitraum bis 1970, der Ära ULBRICHT, entstanden eine Reihe von Aktivitäten, die geeignet gewesen wären den wirtschaftlichen Fortschritt in diesem Lande wirksam zu beeinflussen.

Dazu zählte der Import von 10 der seinerzeit weltweit modernsten Großcomputer für kommerzielle und wissenschaftliche Aufgaben. Das IBM-System 360 war 1964 eingeführt worden, im Berliner Bauwesen ab 1967 im Einsatz.

So wie bei der Erfindung des Computers durch Konrad Zuse, standen die Aufgaben mit permanenter Wiederholung und aufwendigen Bearbeitung, im Mittelpunkt unserer Tätigkeit. Im Ergebnis unserer Aktivitäten konnte 1970 eine zweite IBM-Anlage beschafft und auch im durchgehenden Schichtbetrieb eingesetzt werden.

Die Qualifizierung der Leitungsarbeit im Berliner Bauwesen mittels der elektronischen Rechentechnik führte dank des engagierten Wirkens des Bezirksbaudirektors 1969 zur Anerkennung mit dem Nationalpreis.

---

[6] Gothar Thiel EXTRATOUREN Auf den Spuren von Konrad Zuse und Michail Gorbatschow durch 40 Jahre Sozialismus in der DDR, Verlag: tredition 2015

1967 wurde in der DDR, meines Wissens weltweit erstmalig, ein eigener Staatssekretär des Ministerrates für die Aufgaben der Datenverarbeitung eingesetzt.

Die positiven Ergebnisse unserer Arbeit fanden auch ihren Niederschlag in der anfänglich sporadischen Zusammenarbeit mit dem DDR- Computerproduzenten, dem Kombinat Robotron. Mit dem Ziel ihre Produkte im Nahen Osten zu verkaufen führte der für Irak und Syrien, seitens der DDR- Regierung zuständige Staatssekretär für Computerfragen, dort jährlich wissenschaftlich-technische Veranstaltungen durch.

1976 erhielt ich eine Anfrage von Büromaschinen-Export, dem Außenhandelsbetrieb von Robotron, ob ich bereit wäre bei der nächsten Veranstaltung in Bagdad einen Vortrag über unsere Arbeit zu halten.

Nach meiner Einschätzung war aber das Institut für Stahlbau, dort hielt ich, unter dem Bild von Saddam Hussein, den vorbereiteten Lichtbilder-Vortrag, nicht der richtige Adressat für unsere Erfahrungen.

Noch am gleichen Tag hatte ich daraufhin den Handelsrat der DDR-Botschaft gebeten zu versuchen, in den noch verbliebenen Tagen bis zum Rückflug, einen Termin für einen Vortrag im Bauministerium zu erhalten. Der dortige Bauminister brauchte im Gegensatz zum DDR Partner offensichtlich keine Rückfrage bei seiner Partei um dies innerhalb von 3 Tagen zu erledigen (4) S.69).

Zwei Jahre später hatte das irakische Bauministerium von der UNO Mittel für den Kauf eines Robotron-Computers erhalten. Eine Vertragsunterzeichnung machte die irakische Seite von meiner Anwesenheit und unserer Bereitschaft zur umfangreichen technischen Unterstützung abhängig.

Dieser mit einem Wertumfang von einer Million DM erfolgreiche Vertragsabschluss war für mich natürlich eine exzellente Festigung meiner Narrenfreiheit gegenüber der SED Führung.

Es war wohl immer schon ein Vorrecht von Hofnarren die Größen ihrer Zeit persönlich zu erleben. Nicht immer war damit auch ein Gespräch verbunden, oft sagte der Gesichtsausdruck mehr als ihre Worte. Dazu in besonderer Erinnerung geblieben ist mir der Auftrag von Ende 1980, dem amtierenden Generalsekretär der SED auf einer Automatisierungsausstellung in Leipzig-Markleeberg, die Exponate des Bauwesens erläutern zu müssen. Er kam ohne Begleitung und schaute mich an als wenn ich chinesisch gesprochen hätte, nach 10 Minuten war endlich alles vorbei.

Interessanter ging es da schon mit dem Minister für Bauwesen zu. Zur Übergabe unseres neuen Betriebsgebäudes in der Berliner Charlottenstraße von 1970, war auch der Bauminister zugegen gewesen. Einige Zeit danach erhielt ich von meiner Sekretärin den Bescheid ein Besucher würde im Vorzimmer auf mich warten. Dort angekommen stand der Bauminister im Mantel, den Hut in der Hand, und wurde in mein Büro gebeten. Abrupt kam die Frage „Genosse Thiel, welche Ergebnisse habt ihr bisher mit dem Importcomputer erzielt?" Jedem anderen hätte ich gesagt, dass er diese Frage eigentlich nur den staatlichen Leitern die die Computerbearbeitung nutzen, stellen könne, das habe ich mir hier aber versagt. Den Investitionsaufwendungen von 16 Mio. (DDR-) Mark standen 30 Mio. Mark an Einnahmen aus dem Verkauf an Computerleistungen im Jahr gegenüber. Mit dieser Leistung erfüllten wir spielend die staatliche Beauflagung an Bauproduktion. Am nächsten Tag rief mich der mir persönlich bekannte Präsident der Deutschen Bauakademie an und teilte mir dazu mit, dem Bauminister sei beim Rapport bei dem für Wirtschaftsfragen zuständigen Politbüromitglied Günter Mittag diese Frage gestellt worden. Da er darauf keine Antwort geben konnte sei er von dort direkt zu mir gefahren. Meine Sekretärin entschuldigt sich später, nicht im Besitz eines Fernsehgerätes, hätte sie nicht gewusst dass es sich bei dem Besucher, ohne eigene Vorstellung, um den Minister für Bauwesen gehandelt hätte.

Als das Erlebnis eines Hofnarren muss auch die Teilnahme an einer Vorführung des IBM-Systems für den Staatssekretär für Datenverarbeitung erwähnt werden, er wurde später Mitglied des Politbüros der SED. In dem anschließenden Trinkgelage mit dem Bezirksbaudirektor wurden Dinge besprochen die für einen Außenstehenden nicht bestimmt waren.

Von besonderem Reiz waren die Begegnungen mit drei Generalsekretären der KPdSU.

Wohl ausgelöst von den Erzählungen meiner sibirischen Tante hatte ich bei meiner 1964 durchgeführten ersten Dienstreise nach Moskau die Gelegenheit bekommen Lenin in seinem Mausoleum auf dem Roten Platz zu besuchen. Nicht die Bartstoppeln und langen Fingernägel war das Bemerkenswerte für mich, nein es waren die ehrfurchtsvollen Gesichter der Besucher, in der mehrere hundert Meter langen Schlange, auf dem Roten Platz. In diese hatte mich ein Hüne von Polizist, als Neugieriger an einem Lattentor vor dem Historischen Museum, mit einer eleganten Handbewegung am vorderen Viertel dieser Besucherschlage eingereiht.

Den zweiten Generalsekretär, Leonid Iljitsch Breschnew, konnte ich um Mitternacht bei der Auszeichnungsfeier mit dem Nationalpreis 1969, an einem 2-3 m entfernten Tisch, für eine halbe Stunde beobachten. Es war für mich sehr interessant.

Die dritte Begegnung, am letzten Jahrestag der Staatsgründung, 1989, mit Gorbatschow war die Interessanteste. Im Foyer zur Volkskammer des Palastes der Republik hatten sich wohl 150 Teilnehmer der Festveranstaltung versammelt um die dort eintreffenden Staatsgäste zu begrüßen. Gorbatschow erhielt sehr viel Beifall. Nach einem kurzen Halt in Raummitte, zur Danksagung für den so freundlichen Empfang, schritt er auf uns los und schüttelte meiner Frau die Hand. Sein Ausspruch dabei war wohl „es wird alles gut!"

Eine letzte Begegnung mit einem berühmten Mann muss ich hier noch erwähnen. Zum 30. Firmenjubiläum des Bauwesen-Software-Unternehmens Nemetschek aus München, es wurde in deren Filiale im Berliner Europacenter gefeiert, war ich wegen der direkten Geschäftsbeziehungen mit meiner Privatfirma, gemeinsam mit meiner Frau, eingeladen. Als Höhepunkt der Feier war der Computererfinder Prof. Konrad Zuse anwesend. Nach dem mehrfachen Antreffen bei den Bauwesen- Präsentationen zur Computermesse SYSTEMS in München, war es dort 1993 die letzte Begegnung, er verstarb 1995.

Die Vermittlung der bei unseren Arbeiten mit der Cmputeranwendung gesammelten Erfahrung wurde permanent weitergegeben. Inder DDR war es vor allem der Arbeitskreis EDV-Anwendung der Deutschen Bauakademie. Das bezog sich auch auf die internationale Zusammenarbeit mit den über Freundschaftsverträge verbundenen Rechenzentren aus Moskau, Prag und Budapest.

Beispielhaft für die Ignoranz des Parteiapparates bezüglich der Nutzung des wissenschaftlich-technischen Fortschritts möchte ich die damalige RGW- Arbeit erwähnen.

Die Arbeitsgruppe Rechentechnik in der Ständigen Kommission Bauwesen des RGW, besetzt mit zwei bis vier Vertretern aus allen Mitgliedsländern, führte jährlich eine einwöchige Arbeitstagung in den Mitgliedsländern durch. Die Verhandlungssprache war russisch, zu unserer Delegation gehörten somit obligatorisch zwei Dolmetscher.

RGW-Tagung der Arbeitsgruppe Rechentechnik in Mangalia /Rumänien vom 7. bis 14.04. 1976 , der Autor bei seinem Erfahrungsbericht

Beratungsprotokolle und Arbeitsergebnisse, alles in russischer Sprache, waren demnach für die russische Seite ohne Probleme zu erörtern. Von der Umsetzung der Empfehlungen in der UdSSR habe ich nie etwas erfahren. Die dort, wie auch in der DDR, dafür zuständige Abteilung Bauwesen im Zentralkomitee der Partei hatte dazu nichts zu sagen gehabt, oder was sie sagte, hat niemanden interessiert.

Die DDR-Delegation:
Dr. Detlef Schindler, Min. f. Bauwesen, Leitung (re)
Prof. Dr.-Ing. Gunter Eras, Deutsche Bauakademie (li)
Dipl.-Ing. Gothar Thiel, ZOD Bauwesen Berlin

Zu meinem ersten Kontakt mit der Oktoberrevolution kam ich schon

lange vor der Existenz des Fürstenhofes DDR. Dazu hatte mir die Ehefrau meines Onkels, des Kunstmalers Franz Wenzel, verholfen.

Meine Tante Margarethe war am 4. Januar 1898 in Irkutsk geboren. Ihre Eltern, der Berliner Zahnarzt Emil Sparwart und seine Frau waren ca. 1875 dorthin gekommen. Der Grund war vermutlich eine Affäre des jungen Zahnarztes mit einer Musiklehrerin und die daraufhin unternommene gemeinsame Flucht über die estnische Hafenstadt Pernau nach Irkutsk. Zum Ende des ersten Weltkrieges, meine Tante studierte in Moskau Medizin, war die Unterdrückung der Intelligenz, der Bourgeoise, durch den sowjetischen Parteiapparat unerträglich geworden. Für den Zahnarzt bestand Lebensgefahr. Meine Tante, sie war zur Krankenschwester dienstverpflichtet worden, und Ihre ältere Schwester organisierten mit Hilfe von Verwundetentransporten, die Flucht nach Deutschland. Die danach in Dresden wohnende Tante besuchte uns kurz nach der „Befreiung" des Sudetenlandes, erstmals 1939, und berichtete von ihren Erlebnissen mit der Oktoberrevolution.

Aus aktuellem Anlass, der oben zitierte amtierende Generalsekretär der SED, Egon Krenz, hat am 21.10.2016 in Peking einen Diskussionsbeitrag zum Thema <Die Niederlage der DDR – Teil des Zusammenbruchs des real existierenden Sozialismus in Europa> gehalten. Das Redemanuskript wurde am gleichen Tag an die Redaktion des OKV (Ostdeutsches Kuratorium von Verbänden e.V.) zur Veröffentlichung im Internet übergeben (s hierzu die Anlage). Bezogen auf meinen hier vorliegenden Diskussionsbeitrag ergibt sich daraus das Eingeständnis, dass die sozialistische Staatengemeinschaft sich als unfähig erwiesen hat, den Sozialismus mit der wissenschaftlich-technischen Revolution zu verbinden. Im Übrigen gesteht Herr Krenz ein, dass man in allen sozialistischen Staaten von Anfang an übersehen hatte, wie Lenin zur Oktoberevolution, dass die neue Gesellschaftsordnung unterliegen wird, wenn sie keine höhere Arbeitsproduktivität als der Kapitalismus erreicht. Auf diese Aussage war aber nach meiner Meinung Gorbatschows Perestroika primär ausgerichtet. Dass dies nicht schlagartig und ohne Rückschläge verwirklicht werden konnte beweist auch die jetzige Aussage von Herrn Krenz.

Dass mittels Computeranwendung ganz wesentliche Produktivitätssteigerungen im industriellen Massenwohnungsbau erzielt werden konnten ist aus den in der Biografie enthaltenen Ausführungen zu dem ab 1971 eingeführten ALSV, automatisierten Leitungssystem der Vorfertigung, (6, S.53) ersichtlich.

Nur wenn die Parteiführungen begriffen hätten dass es ohne die Computererfindung keine Automatisierung zur Erhöhung der Arbeitsproduktivität geben könne, hätte sich Herr Krenz wohl schon zur Automatisierungsausstellung von Leipzig-Markleeberg, anders verhalten. In der Automobilindustrie wurde durch den mit der Computererfindung einhergehenden Innovationsschub die Arbeitsproduktivität seit 1940 wohl um 1000 % gesteigert.

Die beispiellosen Fortschritte der chinesischen Wirtschaftspolitik sind Ausdruck der völligen Abkehr vom Lenins Sozialismuskonzept. Dort hat man sicher sehr interessiert dem Pleite-Eingeständnis von Egon Krenz zugehört.

3. 5. Quintessenz

Die Erfindung des Computers durch Konrad Zuse, wurde Ende der Achtziger Jahre in einer Publikation des MIT von Cambridge, als für die weitere Menschheitsentwicklung gravierend bedeutsamer, als die Atomenergie, eingeschätzt.

Die Bestätigung dieser damals einmaligen Einschätzung, kann heute, nach 25 Jahren, jeder selbst erleben. Der von den Unternehmen der Bundesrepublik demonstrierte beispiellose Stand der Nutzung des wissenschaftlich-technischen Fortschritts, wäre ohne elektronische Rechentechnik, undenkbar.

Es erscheint somit heute als ein ganz normaler Vorgang wenn Gorbatschow die Rechentechnik in den Mittelpunkt der 1986 veröffentlichen Schrift, Perestroika, zur Veränderung des sowjetischen Wirtschaftsmechanismus stellte.

Dass dies aber nicht als normal bezeichnet werden kann beweist die geschichtliche Entwicklung seit der vor 100 Jahren von Lenin in Szene gesetzten Oktoberrevolution.

Es wurde von Gorbatschow hervorgehoben, dass der wissenschaftlich-technische Fortschritt die entscheidende Basis für das Fortbestehen des Sozialismus darstellt. Da es ohne Intelligenz keinen wissenschaftlich-technischen Fortschritt geben kann, ist damit sicher auch unbestritten, dass Lenin mit der Diskriminierung und Eliminierung der Intelligenz, selbst den Grundstein für das Scheitern der Oktoberrevolution gelegt hat.

Mit den Erlebnissen eines Hofnarren kann ich belegen, dass die SED-Diktatur bis zum Schluss dafür verantwortlich war diese Strategie beizubehalten. Das war nicht nur ein vielleicht zufallsbedingter Umstand, nein, das war permanent existierender Zustand im Umgang aller Parteifunktionäre mit der Intelligenz.

Mit meiner Biografie liefere ich den Beweis ab, durch die als Kind erfahrenen Berichte meiner Tante, zum Quasi-Kronzeugen der Oktoberrevolution geworden zu sein. Die im Unterbewusstsein emotional gespeicherten Tatbestände der damaligen Zeit, waren wohl auch der Grund dafür, durch den Besuch einer Bezirksparteischule selbst erfahren zu wollen worum es dort eigentlich ging. Diese Aussage fehlt in Gorbatschows Biografie vollkommen. Durch permanente Diskussionen zu den in den Lektionen vorgetragenen Themen sollte der Nachweis der absoluten Linientreue erbracht werden. Das war eigentlich alles. Zum Leitmotiv des Sozialismus/Kommunismus „In Zukunft kann jeder nach seinen Bedürfnissen leben" und wie der dazu erforderliche Überfluss erzeugt werden sollte, hörte man kein Wort.

Die Propagierung der grandiosen Leistung eines Adolf Hennecke, oder der aus meinem Geburtsort Reichenau stammenden Frida Hockauf, haben mich zu keinem Zeitpunkt interessiert. Die Idee mit 360 % Schichtleistung von Hennecke, die wirtschaftliche Überlegenheit gegenüber der BRD erwirtschaften zu wollen, konnte nur einem Minderbemittelten gekommen sein.

Durch die Aussage des letzten Generalsekretärs der SED Egon Krenz am 21. Oktober 2016 in Peking hat er explizit bestätigt, dass für den Untergang der DDR allein die Parteiführung verantwortlich gewesen ist.

3.6. Anhang

In der Lesemappe des Ostdeutschen Kuratoriums von Verbänden (www. OKV-ev.de) befand sich im Dezember 2016 folgender Eintrag:

Brief von **Egon Krenz** am 21.10.2016 an die OKV-Redaktion zur Veröffentlichung gesendet

„Die Niederlage der DDR – Teil des Zusammenbruchs des real existierenden Sozialismus -in Europa".

Aus dem Brief von Egon Krenz

„Über geschichtliche Ereignisse beklagt man sich nicht, man bemüht sich im Gegenteil, ihre Ursachen zu verstehen und damit auch ihre Folgen, die noch lange nicht erschöpft sind." (Friedrich Engels). Thema des Forums: Der Marxismus im 21. Jahrhundert. Themenkreis für die Diskussion: «Der Zusammenbruch des Sowjetblocks und die Wiederbelebung des Sozialismus» Thema des Diskussionsbeitrages von Egon Krenz: «Die Niederlage der DDR –Teil des Zusammenbruchs des real existierenden Sozialismus in Europa»

„Seit 1984 habe ich an den Beratungen des Rates für Gegenseitige Wirtschaftshilfe (RGW) und der Staaten des Warschauer Vertrages auf höchster politischer Ebene teilgenommen. Aus eigenem Erleben kann ich daher bezeugen, dass die Partei- und Staatsführungen der sozialistischen Staaten Europas auf die seit Anfang der achtziger Jahre entstandene tiefe Systemkrise nicht vorbereitet waren. Im Oktober 1981 hatte KPdSU-Generalsekretär Breschnew Erich Honecker mitteilen lassen, dass sich die Sowjetunion in einer ähnlich schwierigen Lage befände wie Sowjetrussland 1918 vor Abschluss des Brester Friedensvertrages. Das konnte ja nur bedeuten: Es ging um Sein oder Nichtsein der Sowjetmacht! Die Tragik besteht darin, dass diese dramatische Mitteilung nie durch die Staaten des Warschauer Vertrages kollektiv erörtert wurde und folglich daraus auch keine Schlussfolgerungen gezogen wurden.

Das Nachlassen der ökonomischen Leistungskraft der RGW-Länder hatte große wirtschaftliche, soziale und schließlich auch politische, ideologische und moralische Auswirkungen auf die Bevölkerung. Das Vertrauensverhältnis zwischen Volk und Staat wurde in allen Ländern der sozialistischen Staatengemeinschaft erheblich gestört. Versäumt wurde, die ökonomischen Potentiale mit dem Ziel zu vereinen, den Rückstand in der Arbeitsproduktivität gegenüber dem Kapitalismus aufzuholen. **Die Staatengemeinschaft erwies sich als unfähig, den Sozialismus mit der wissenschaftlich-technischen Revolution zu verbinden.** Ansätze blieben in der Regel stecken aus nationalem Egoismus von Teilnehmerstaaten.

Für den Untergang der DDR gibt es einen ganzen Knäuel von Ursachen: Objektive und subjektive, nationale und internationale, ökonomische und politische, vermeidbare und unvermeidbare. Viele von ihnen gehen weit vor das Jahr 1989 zurück und über die Grenzen der DDR hinaus. Müsste ich diesen ganzen Komplex in einem Satz zusammenfassen, würde ich an das Leninwort erinnern:

«Die Arbeitsproduktivität ist in letzter Instanz das Allerwichtigste, das Ausschlaggebende für den Sieg der neuen Gesellschaftsordnung."

Wahrscheinlich haben wir damals in allen Staaten der europäischen sozialistischen Gemeinschaft nicht begriffen, dass dieser Satz im Umkehrschluss auch eine Warnung enthält, nämlich die: Die neue Gesellschaftsordnung wird unterliegen, wenn sie keine höhere Arbeitsproduktivität erreicht als der Kapitalismus.

4. Einige Erläuterungen zur Kinderstube

Wie waren die Bedingungen für eine aktive und von politischen Zwängen unabhängige Entwicklungsarbeit?

Der für DDR- Verhältnisse einmalige Vorgang der Schaffung eines von den Parteidirektiven konträr abweichenden Zentrums für die Einführung der Computeranwendung im Berliner Bauwesen basierte auf den Vorlaufereignissen um Erich Apel. Sein mit dem Selbstmord dokumentierter öffentlicher Protest gegen die Parteiadministration brachte die Partei in die Zwangslage die von Apel ausgelösten Computerimporte möglichst unauffällig zu beseitigen
. Es war schon ein großer Zufall, dass wir im Berliner Bauwesen zu diesem Zeitpunkt für das geplante Gemeinschaftsrechenzentrum einen Computer benötigten. Man konnte nicht ahnen dass unsere Aktivitäten so rasch und eindrucksvoll die erreichten positiven Ergebnisse zeigten. Eine Reihe von Extratouren lässt im Nachgang aber verstehen warum man uns diese erlaubte.

Solange es keine öffentlichen Kontakte gab haben wir das gemacht was im Sinne von Konrad Zuse möglich und zweckmäßig war.
Sobald die Arbeitsergebnisse im Berliner Bauwesen veröffentlicht werden sollten, war dafür als Beurteilungsgremium die etwa monatlich stattfindenden Tagungen der SED-Kreisleitung des Berliner Bauwesens zuständig. Obwohl ich selbst kein Mitglied dieses Gremiums war, musste ich als Betriebsdirektor daran teilnehmen. Wollte man dort etwas sagen musste das Redemanuskript vorher von der Kreisleitung genehmigt werden.

Der Zufall der mich 1958 nach Berlin führte war eigentlich ein Nebeneffekt, viel wesentlicher war es, dort zum örtlich geleiteten Bauwesen zu kommen. Nur dadurch wurde es möglich die Entwicklungsarbeiten zur Computeranwendung in den Folgejahren voranzutreiben.

Als Besonderheit meiner Tätigkeit im Berliner Bauwesen konnte ich erleben, dass Mitarbeiter der Abteilung Bauwesen des Zentral-komitees der SED meinen Kontakt suchten, um ihr Verständnis für mein Aufgabengebiet zu demonstrieren. Sie erlebten dass an kompetenter Stelle dies völlig interessenlos behandelt wurde und keine Unterstützung erhielt. Hier war offensichtlich die Ende der 50-ziger Jahre von sowjetischen Gesellschaftswissenschaftlern verbreitete These von den Pseudowissenschaften Kybernetik und Rechentechnik weiterhin existent.

Anmerkungen

Bildnachweis:

Titelbild: Gabriele Thiel

Seite 34+35: Dr. Detlef Schindler

Seite 35: Gothar Thiel

Zeitfracht Medien GmbH
Ferdinand-Jühlke-Straße 7
99095 Erfurt, Deutschland
produktsicherheit@kolibri360.de